ISBN 978-0-428-83549-1
PIBN 11299122

MÉMOIRE
SUR
LES ASSIGNATS.

MÉMOIRE

SUR

LES ASSIGNATS,

Et sur la manière de les considérer dans l'état de baisse actuelle;

Envoyé le 7 Ventôse au Représentant T . . . . . pour être communiqué à la Convention nationale ou à son Comité des Finances; par le citoyen PANCKOUCKE, Imprimeur-Libraire (ci-devant), et Editeur-Entrepreneur de l'Encyclopédie par ordre de matières.

SECONDE EDITION, CORRIGÉE.

Nota. La première édition ne s'est pas vendue; cette deuxième édition, augmentée *de moitié*, est du prix de *vingt-cinq sous*.

A PARIS,

Chez POUGIN, Imprimeur-Libraire, rue des Pères, n.° 9.

An III de la République.

MÉMOIRE

SUR LES ASSIGNATS,

Contenant des vues pour en arrêter la baisse, et même pour la diminuer sensiblement, de manière que l'assignat pourra redevenir au pair.

CITOYEN REPRÉSENTANT,

Je vous prie de faire attention à l'objet de cette lettre ; elle contient des principes, des détails, une exposition de faits qui intéressent essentiellement la république.

On a imprimé dans le Moniteur, je ne me rappelle pas dans quel numéro, que le gage, l'hypothèque des *Assignats* étoit de quinze milliards. En réfléchissant à la baisse successive de cette monnoie ; laquelle, il ne faut pas se le déguiser, perd actuellement, dans l'intérieur de la République, cinq cent pour cent ; (et seroit-il permis de le dire, quelques membres de la Convention sont en grande partie la cause de cette baisse, puisqu'ils ont dit que dix-huit liv. en assignats n'étoient que l'équivalent de cinq liv. en argent ; et en effet, c'est de cette époque que la baisse des assignats a plus que doublé) ; en réfléchissant, dis-je, à cette baisse, je trouve que le gage des assignats n'est pas de quinze milliards, comme on le suppose, mais de soixante-quinze milliards, et je vous prie de croire que cette assertion n'est pas le produit d'aucune illusion. Posons des principes, et raisonnons. J'observe d'abord, et cette époque n'est pas très-éloignée, qu'avant la journée à jamais mémorable du 9 Thermidor, l'assignat étoit au pair de l'argent; la confiance vraie ou fausse étoit même si prononcée, qu'on a vu nombre de citoyens s'empresser d'échanger leur or au pair contre des assignats: j'en pourrois citer plusieurs exemples à ma connoissance. Cette détermination venoit de l'esprit de terreur qu'avoit imprimé Robespierre et ses complices.

Or, quand les biens nationaux ont été estimés, c'est en écus, en valeur numéraire, que cette estimation a été faite; et tant que l'assignat a conservé sa 1ere. valeur, c'est-à-dire que cent livres en argent ne valoient que cent livres en papier, *et vice versâ*, l'estimation des biens nationaux n'a pas pu changer, puisque les deux modes de paiement, l'argent et les assignats, étoient de même valeur. Il y a même plus, c'est que cette estimation des biens nationaux en numéraire n'est pas à son taux à quinze milliards. Toutes les ventes faites dans les départemens, et dont les états ont été envoyés par les districts, prouvent que cette estimation, sans rien enfler, pourroit être portée à vingt-deux milliards cinq cent millions; mais ne supposons que quinze milliards, ce que nous avons à dire paroîtra encore plus évident.

Aujourd'hui les choses sont bien différentes qu'elles n'étoient il y a un an; et certes, si ceux qui ont estimé les biens nationaux en numéraire, les donnoient pour la même valeur en assignats, ils passeroient des contrats qui seroient infiniment défavorables au peuple souverain, des intérêts duquel ils doivent être les défenseurs, car ils donneroient pour cent livres en assignats un objet estimé cent livres en argent, et qui, aujourd'hui, est représenté réellement par cinq cent livres en assignats. Mais nous présumons que ces ventes, n'ont pas lieu à ce taux; et dès-lors, ne doit-on pas dire que les quinze milliards de biens nationaux restans, estimés cette somme en argent, ne valent plus cette même somme en assignats. Puisque, d'après mon hypothèse, leur valeur est quintuplée, il doit être de soixante-quinze milliards en assignats. Cette vérité me paroît démontrée. Ainsi la Convention nationale est donc fondée à dire au souverain, qu'il existe un gage certain de la fortune publique, évalué en numéraire à quinze milliards, lesquels valent en assignats soixante-quinze milliards.

Tout le monde sait qu'en ce moment, les marchands offrent du *thé*, du *sucre*, du *café*, de l'*huile*, dont ils ne demandent en argent que le cinquième de ce qu'ils exigent en papier (1). L'assignat est donc une marchandise; il ne faut plus se le déguiser; la volonté du peuple souverain s'est prononcée à cet égard. L'ouvrier, l'artisan, dont la journée étoit de quarante sols, lorsqu'il étoit payé en numéraire, ou en assignats au pair du numéraire, est aujourd'hui de dix livres.

---

(1) Il y a des marchandises qui ne peuvent point suivre ce cours de 5 à 1: tels sont le fer, le charbon. La voie de charbon de terre valoit avant la révolution 60 liv., elle en vaut actuellement 600. Le fer est plus que décuplé: plusieurs autres marchandises sont dans le même cas.

Si mon assertion vous paroît aussi fondée qu'elle me le paroît à moi-même, vous en tirerez aisément des conséquences politiques, qui pourront être avantageuses dans les circonstances difficiles où nous sommes.

Il en résulte, 1°. qu'une nouvelle émission de quelques milliards d'assignats, ne doit rien avoir d'alarmant, en convainquant le souverain de cette vérité : *les biens nationaux ne sont pas détériorés, et valent aujourd'hui quinze milliards en numéraire, comme ils les valoient lors de leur première estimation; donc si on les évalue, d'après le cours de notre papier-monnoie, ils offrent nécessairement une hypothèque de soixante-quinze milliards en assignats.*

2°. Il circule, dit-on, pour six milliards d'assignats; rien de plus aisé, dans cette théorie, que de les retirer de la circulation; vendez successivement et par petites portions, pour six milliards de meubles, d'effets, de biens nationaux; faites payer ces six milliards *comptant*, et comme les étrangers et nombre de personnes ont un grand empressement à se défaire de leurs assignats, (car on ne guérit point de la peur) je suis persuadé qu'en s'y prenant avec une sorte d'adresse, ces ventes réussiront complettement.

3°. Dans cette théorie, il me paroîtroit de toute justice que la Convention qui a mis la justice à l'ordre du jour, augmentât les rentes des rentiers; car ce sont eux qui souffrent le plus dans cette baisse des assignats. La République doit, si je ne me trompe, environ deux cent cinquante millions, tant en rentes foncières que viagères; et qu'est-ce qu'une augmentation du double des rentes, si on la compare à quinze milliards de biens restans effectifs, équivalant réellement à soixante-quinze milliards en assignats ?

Il seroit d'une sage politique de fixer le *maximum* de la baisse des assignats. Je crois qu'une adresse, une invitation de la Convention aux marchands, aux négocians, aux artisans, produiroit un heureux effet, en faisant regarder comme un mauvais citoyen celui qui ne maintiendroit pas les prix de vente dans la proportion de cinq à un et au-dessous. Par cet arrangement, il devroit être libre à chacun d'annoncer sa marchandise payable en numéraire ou en assignats, à volonté, en suivant cette proportion que j'indique. Car, pourquoi ne pas permettre publiquement ce que chacun fait verbalement, ou tacitement, ou en fraude ?

4°. Cette position où se trouve la France, ne permettroit-elle pas enfin à la Convention nationale d'appaiser le *cri de tant de familles* qui sont plongées dans la misère; qu'elles n'ont point méritée, parce qu'on a livré aux bourreaux, ou leurs pères, ou leurs époux, ou leurs parens, injustement condamnés par des monstres qui ont couvert de deuil le sol de la France, et qui, s'ils l'eussent emporté, avoient l'affreux projet de n'en faire qu'un vaste tombeau ou cimetière ?

5°. Le souverain ayant fixé le prix des journées et les ayant établies dans la proportion de cinq environ à un, ne peut-il pas ordonner qu'il veut que ce taux reste fixe, de sorte que l'assignat auroit atteint son *maximum* de baisse ? Les souverains n'ont-ils pas le droit de vouloir absolument tout ce qui est juste ?

L'assignat seroit donc à l'avenir considéré comme monnoie et marchandises ; il l'est déjà réellement par le fait ; toutes les marchandises, denrées, consommations, pourroient se vendre indifféremment en argent ou en assignats ; mais il ne doit jamais être libre de refuser ce dernier.

Toutes les rentes sur l'état, celles de particulier à particulier, seront payées dans une proportion qu'on fixeroit : ainsi celui qui ne recevoit que mille liv., recevra deux, trois mille liv. ; toutes les rentes dues par les particuliers seroient aussi payées dans la même proportion. Il faut dans cette fixation faire attention que tout n'est pas *quintuplé*. Les loyers, par exemple, sont diminués, au lieu d'être augmentés, et nombre d'autres objets sont dans le même cas.

Il en résulte qu'il pourroit être passé des actes et contrats remboursables en *numéraire*, et payables dans deux, trois et quatre ans, à volonté. La rente desdits actes se paieroit aussi en *numéraire*. Ainsi celui qui voudroit faire bâtir à la campagne pour 40,000 l. estimées en assignats, pourra se libérer (si les ouvriers, maître maçon, serrurier, etc., y consentent) en numéraire ; il n'aura alors que 8000 livres à payer ; si le propriétaire n'a pas cette dernière somme en numéraire, il passera un acte ou plusieurs actes devant notaires, et en paiera la rente de 400 livres en argent. De telles combinaisons faciliteroient toutes les opérations, et rendroient l'activité aux arts, au commerce, à l'industrie (1).

---

(1) J'ai connoissance de quelques propositions d'actes acceptées, actes de 500 et 1000 liv. chacun, dressés sur ce mode, qui, s'ils avoient leur exécution, feroient vivre les ouvriers d'une commune

Tous les impôts seroient payés dans une proportion dont on conviendroit.

Bientôt le souverain s'appercevant qu'il n'y a rien à gagner pour lui dans un tel arrangement; que si les salariés se font payer cinq fois plus, on leur fait aussi tout payer au quintuple; toutes les choses dans

---

pendant plus d'un an. Les ouvriers trouveroient à placer ces actes, et à s'en faire payer en *assignats*, n'ayant pas les moyens des avances, et ne pouvant attendre par conséquent cinq ans; on a pris ce terme pour les rembourser en numéraire. Ceux qui ont quintuplé le prix de leurs denrées peuvent s'accommoder de pareils actes; ils ne perdent rien, et ils assurent leurs créances en bons contrats privilégiés, hypothéqués, et dont la rente, je le répète, doit être payée en numéraire. Cet objet me paroît d'une si grande conséquence pour rendre toute l'activité aux beaux arts et à l'industrie, que je ne puis m'empêcher d'entrer encore dans quelques détails à ce sujet. Comme ce que je vais dire m'est arrivé récemment à Boulogne où j'ai une maison de campagne, je vais rapporter la conversation que j'ai eue avec mon maître maçon, *Baron*, le Serrurier *Doucet*, le Charpentier *Nantois*, etc.; je les avois tous rassemblés. « Vous voyez, leur ai-je dit, Citoyens, que les anciens travaux sont à la veille d'être terminés; ce qui est en projet pourroit s'élever à environ 60 mille livres. Je desire fort de vous occuper; mais n'étant plus en activité de commerce, réduit à des rentes qui perdent quatre cinquièmes, il m'est impossible de vous payer en assignats? je veux vous payer en numéraire, et comme mon intention est de vous bien traiter, je n'en supputerai la perte que dans la proportion de 5 à 1 : de sorte qu'au lieu de 60 mille livres en assignats, vous recevrez 12000 liv. *en numéraire*. Tous s'écrièrent qu'ils le vouloient bien, et ils me remercièrent de les traiter si favorablement. -- Il n'y a qu'une petite difficulté à cet arrangement, leur dis-je, c'est que je ne possède pas actuellement un écu en numéraire. Ce coquin de Robespierre, en faisant régner la terreur, m'a fait porter mon argenterie à la monnoie, et m'a fait échanger le peu d'or que j'avois au pair contre des assignats.

un gouvernement bien ordonné, tendantes à se mettre de niveau, il en résultera que l'assignat augmentera

---

-- Mais comment l'entendez-vous, vous n'avez point d'assignats, vous n'avez point d'or; et comment donc voulez-vous nous payer, nous ne sommes point en état de vous faire d'aussi fortes avances. -- Rien de plus facile, je vous passerai, chez Lambot, mon ami, notaire rue du Mail, des contrats, à vous *Baron*, pour 6000 liv. remboursables dans cinq ans en *argent*, et dont la rente de 300 liv. sans retenue, vous sera payée par parties de 150 liv. tous les six mois en *numérair*; à vous *Doucet*, je vous en passerai pour 1500 liv.; enfin à chacun de vous pour la somme à laquelle s'éleveront vos mémoires estimés en assignats et réduits ensuite en argent. Nous vous entendons, me dirent-ils, nous vous demandons huit jours pour y réfléchir. Ce terme expiré, ceux de ces ouvriers que je pus rejoindre me dirent qu'ils acceptoient mes propositions, mais qu'il leur falloit des contrats de 250 liv., portant 12 liv. 10 s. d'intérêts en argent, parce qu'ils trouveroient, plus facilement, à les convertir en assignats pour la somme de 1250 liv. Il n'y a plus qu'une petite difficulté à lever, pour rendre possible cet arrangement, il faut que les Notaires ayent, comme je l'ai dit ci-dessus, la liberté de passer des actes, portant *promesse solemnelle* que le remboursement en sera fait en numéraire. Si l'on ne peut l'obtenir, les ouvriers de la commune de Boulogne manqueront d'ouvrages, et dix mille communes et plus dans la République seront dans le même cas, et les travaux que je me propose d'exécuter. à Boulogne seront retardés de quelques années. Je crois que tout cela est fort clair, il ne s'agit, pour *mettre la main à la pâte*, comme l'on dit, que d'avoir un décret qui permette aux notaires de faire ce qu'ils n'ont pu faire jusqu'à ce jour, et ce qu'ils ne devoient point faire, quand par l'effet de la terreur, l'assignat étoit au pair de l'argent, et *vice versâ*.

---

en crédit. Il viendra de cinq contre un, à quatre, puis à trois, et dans quelques années au pair. La diminution du prix des marchandises et tous objets quelconques devroit toujours suivre la loi de l'agio et du cours de l'assignat; je veux dire que le marchand ne pourra et ne devra jamais vendre qu'en se réglant sur la baisse de l'assignat; toute opération d'agio qui tenteroit à discréditer l'assignat, seroit sévèrement réprimée, et leurs auteurs punis d'une manière exemplaire.

A Genève, le change de l'assignat est à 16, 18; à Basle il est à 19, 20, 21; par conséquent l'assignat de 100 liv. perd dans la première ville 84, 82; dans la seconde, 81, 80, 79. La perte, comme l'on voit, est moindre à Basle qu'à Genève, et ce qui est singulièrement remarquable et digne d'attention, c'est que le change, dans ces deux villes commerçantes, est moindre que dans l'intérieur de la République. Pour cent livres en assignats, à Basle, on à 20 liv. en or; et à Paris ces jours derniers, il a fallu donner jusqu'à 135 liv. pour 24 liv. en or. Plusieurs journaux ont prétendu le contraire, et ont induit en erreur; elle provenoit de ce qu'ils énoncoient mal le cours du change. J'ai lu dans une de ces feuilles trop souvent mensongères, qu'à Basle, l'argent et l'assignat étoient comme 1 à 20, 21, ce qui signifioit qu'il falloit 20, 21 l. en assignats pour une liv. en or, ou 2,000, 2,100 livres en assignats pour 100 liv. en numéraire, mais cet énoncé n'est pas exact; il faut dire le change est à Basle, comme 20, 21, ce qui fignifie que 100 liv. perdent 80, 79 liv., ce qui est très-différent. Les étrangers ont donc, dans nos assignats, plus de confiance que nous n'en avons nous-mêmes, et cela provient en partie des secousses qu'ils ont reçus dans le sein-même de la Convention, et de ce que nous sommes sur le champ de bataille, où jusqu'à ce jour ont combattu avec acharnement toutes les factions; jusqu'à ce qu'enfin la majorité très-saine de la Convention l'a emporté, et vient de mettre fin à tant d'agitations, par des mesures aussi sages que vigoureuses.

D'après tout ce que j'ai dit ci-dessus, je ne pense point qu'on puisse avoir le moindre doute, sur la solidité du gage de ce papier monnoyé; si l'on ne veut pas m'en croire, que l'on en croye du moins le citoyen Vandermonde, célèbre mathématicien, ci-devant de l'académie des sciences, professeur d'économie politique aux écoles normales. Voici ses propres expressions (tome 2, page 456, des séances des écoles normales). « Je regarde l'assignat comme une grande » découverte, comparable à celle de la boussole et » de l'imprimerie. L'assignat est un mandat payable » en terres; quand on lui a assimilé le papier des Amé» ricains, c'est faute d'avoir réfléchi. Le papier d'Amé» rique étoit payable en argent; c'étoit un mandat » payable en argent: cela ne ressemble en rien à » un mandat payable en terres. J'exposerai mes rai» sons, pour prétendre que l'assignat subsistera à ja» mais, qu'il sera la monnoie de l'Europe et du monde, » et que c'est véritablement une grande découverte ».

P. S. Je trouve dans les *Nouvelles politiques nationales et étrangères*, du quintidi 5 Germinal, un article qui a trait au vœu que je forme pour rehausser la valeur de l'assignat: c'est dans *l'adresse d'un prêtre catholique à ses confrères.* Il termine ainsi ce petit écrit.

« Je ne peux rejetter l'idée d'un projet que je croi-
» rois très-utile : ce seroit qu'une commune fît l'essai
» d'une baisse générale dans le prix des denrées ; pour
» peu qu'elle en éprouvât l'heureux effet, elle seroit
» bientôt imitée par d'autres, et le bien se propageant
» ainsi de proche en proche, on parviendroit peut-
» être à fermer l'abîme que la cupidité a ouvert sous
» nos pas. Peut-être même la pudeur des hommes
» reparoîtroit-elle, et c'est déjà remporter un grand
» avantage sur le vice, que de le forcer à rougir. »

Le vœu de ce prêtre catholique pourroit être facilement exaucé, et il est certain que la baisse dans le prix des denrées, ameneroit nécessairement la hausse de l'assignat.

Il est tellement urgent de fixer par un mode quelconque le *maximum* de la baisse de l'assignat, que depuis deux à trois mois le prix de certaines denrées a doublé, triplé. En brumaire, frimaire, la rame du carré de Limoges ne coûtoit que 30 liv. elle vaut aujourd'hui, 6 germinal, 90 liv. J'ai calculé qu'un volume *in*-8°. de 30 feuilles tirées à 3,000, reviendroit à 36,000 liv. Les volumes de l'Encyclopédie, composés de 100 feuilles environ, à ce taux de 90 liv. la rame, doivent coûter chacun 140 à 150 mille liv. Il est impossible de continuer aucune impression de livres courans, à ce taux effrayant, si on n'a pas la liberté de mettre sur les titres des livres d'un *in*-8°. par exemple, *prix 5 liv. en numéraire, et 25 liv. en assignats*, ou 15, 20 liv. ect. et les opérations commerciales et tous les travaux seront très-foibles et même suspendus (1), si les notaires, ainsi que je l'ai exprimé ci-dessus, n'ont pas la liberté de passer des actes portant qu'ils ont reçu en *numéraire* la somme de. . . . . que ladite somme sera, dans 4, 5, 6 ans, remboursée en *numéraire*, et que la rente sera payée tous les six mois, en *numéraire*.

N. B. comme j'écris de très-bonne foi, et avec un desir sincère d'être utile, si je me suis trompé dans quelques parties de ce mémoire, on me fera plaisir de me relever, et je m'empresserai d'avouer mes erreurs.

PREMIÈRE LETTRE SUR LES ASSIGNATS.

VUES pour mettre dans l'instant un actif de plusieurs milliards dans les coffres de la Trésorerie nationale.

. . . . . JE vous l'ai dit, mon cher ami, et répété nombre de fois, veut-on sauver la chose publique, il faut que la confiance de la nation soit entière et

---

(1) La Librairie est réduite à faire de belles éditions avec figures, ou sans figures, qu'on tire à 250, et qu'on vend des prix fous. Le Racine, de Didot, a coûté 90 liv., il monte dans les ventes à 2000, 2500; le Virgile *in*-fol. de Didot aîné, a coûté 90 liv. il y a six mois, il se vend aujourdhui 1000, 1200, 1500 liv. Les belles reliures coûtent 100 liv. le volume. Ces belles et superbes éditions font honneur aux Didot, à Maisonneuve, à Saugrain, etc.; mais les livres usuels manquent, les magasins sont vides, et personne n'ose imprimer, parce que l'on n'a pas la liberté de vendre publiquement *en argent* ou en assignats, et qu'on court le risque de se ruiner, en ne pouvant vendre que de cette dernière manière.

dans les assignats et dans les opérations de la Convention nationale. Cette dernière doit être le fanal qui doit nous guider et que nous ne devons jamais perdre de vue. Quant aux assignats, il me semble que pour résoudre toutes les objections qu'on a faites contre leur solidité, et dissiper les craintes qu'ont encore quelques personnes sur le gage qui forme leur hypothèque, il ne faut les envisager que sous un point de vue général, qui étant le véritable, donnera la solution de toutes les difficultés particulières qu'on voudroit élever contre eux. Or, ce point de vue est de considérer la constitution comme faite; car quoiqu'elle ne le soit pas encore entièrement, et que plusieurs parties, sur-tout celles qui concernent la composition des assemblées primaires, des sections, de la garde nationale, etc., aient besoin d'une sage réforme, les travaux de la Convention sont cependant si avancés, et une contre-révolution seroit si horrible, qu'on n'y pense point sans frémir; et en effet de quels maux affreux ne serions-nous pas frappés de nouveau, si la Convention pouvoit être dissoute, et les travaux des trois assemblées anéantis. Le règne de Robespierre a été horrible, celui d'une contre-révolution le seroit mille fois davantage; que de vengeances ceux qu'on a si cruellement maltraités n'auroient-ils pas à exercer? Nous tomberions dans le plus dur et le plus honteux esclavage; nous courerions le risque d'être vendus comme des bêtes de somme dans les marchés; il ne seroit plus question de liberté en Europe et sur la terre. Le Français avili, méprisé partout, seroit regardé comme les Thraces du tems des Romains, et deviendroit l'objet du mépris de l'Europe. Il n'y a donc plus à balancer, il faut vaincre, faire triompher la liberté, ou périr : or les assignats et leur crédit tiennent à la constitution, et la constitution à la restauration et à la réforme dans toutes les parties des finances dont les assignats font partie.

Revenons à ces derniers; de quoi peut-il être question dans ce moment-ci ? De fournir des fonds au trésor national pour faire face a tous les besoins; mais on peut se procurer ces fonds, sans qu'il soit nécessaire de faire une nouvelle émission d'assignats; car le moyen de les discréditer de plus en plus, et d'augmenter le prix de toutes les choses, ce seroit d'en émettre en plus grand nombre que la quantité actuelle. Le moyen que j'imagine seroit donc que le trésor national se fît payer de tout ce qui lui est dû sur les *domaines*, les *biens du clergé*. Je vais, pour mieux faire entendre ma pensée, m'expliquer par un exemple. J'ai acheté de la nation l'*abbaye des Prés-montrés*, rue Haute-Feuille, 191 *mille livres*; j'ai payé 91 mille liv.; je suis donc débiteur envers la nation de 100 mille liv. *privilégiées et hypothéquées* sur ladite abbaye. Or je voudrois que tous les débiteurs de la nation, sans exception, fussent obligés de régler et de solder ce qu'ils doivent en billets à ordre, *avec les intérêts* joints à chaque billet, dans une forme que l'on indiqueroit, aux termes accordés par la loi pour le paiement. Or il est redû plusieurs milliards qui, étant sur-le-champ réglés en billets à ordre, comme je viens de le dire, feroient un actif énorme dans le trésor public, et cet actif seroit une valeur représentative en grande partie de numéraire, surtout pour les billets à un an, deux ans d'échéance; car nous devons présumer que le sort de la France

sera

sera assuré avant peu, et la valeur de l'assignat déterminée.

On en agiroit de même pour les ventes nouvelles des biens nationaux. Il faudroit vendre par petites portions, faire payer comptant ou en billets à ordre à terme, avec les intérêts, et chacun de ces billets seroit enregistré à un bureau dit de *privilège et d'hypothèque* des biens nationaux, avec un numéro, et l'indication en marge des terres, des maisons sur lesquelles ils seroient affectés.

Ce mode que j'indique ici et que je crois d'une grande ressource, je l'avois indiqué à M. Neker pour la contribution patriotique. Il a été réalisé à Rouen, (1)

---

(1) Comme la théorie des assignats, les moyens de soutenir leur crédit, de l'élever même, forment un des grands objets de l'attention publique et des délibérations de la Convention ; c'est en rendre la connoissance plus rapide et plus sûre que d'indiquer les sources où l'on peut puiser des renseignemens détaillés, des apperçus lumineux sur cette base de la fortune publique. Nous indiquons en conséquence l'article ASSIGNAT *du Dictionnaire encyclopédique, édition par ordre de matières*, où se trouvent réunis les discours de *Mirabeau*, *Bergasse*, *Mauri*, *Dupont*, etc., ainsi que les rapports du comité et les débats qui ont eu lieu sur la grande question de cette monnoie nationale. Il ne reste plus qu'un vœu à former, c'est que le professeur Vandermonde, dont je cite un passage très-curieux sur les assignats (page 12), veuille bien ne pas nous faire attendre les raisons qu'il doit nous donner sur cet objet, qui, selon lui, doit devenir la monnoie de toute l'Europe ; car on dit que les Belges, les Hollandois même font quelque difficulté pour les recevoir. Le Diction. Encyclopédique des débats, ainsi que celui de *la police et des municipalités*, 2 vol. *in*-4°., sont du citoyen Peuchet, avantageusement connu des gens de lettres, et qui a montré un sage patriotisme dans la révolution. Il a été aussi fort utile dans le district de Gonesse par les connoissances qu'il a

et plusieurs citoyens de la capitale ont réglé, à ma connoissance, la totalité de leur contribution patriotique en trois billets à époques fixées, dont même les termes ont été très-rapprochés.

Ces billets à ordre, auxquels la nation applique son sceau, deviennent un véritable signe monétaire, des espèces de lettres de change circulant dans tous les départemens, que les propriétaires d'assignats s'empresseroient d'acquérir, parce qu'un billet dont le privilège et l'hypothèque sont connus et *assignés sur un objet déterminé* est certainement d'une toute autre valeur qu'un papier-monnoie qui n'a qu'une hypothèque générale, sans aucune désignation particulière. Pour qu'on ne fut point payé de ces billets, il faudroit

---

montrées, en dirigeant les travaux des salpêtres dans plusieurs communes.

Qu'on me permette de me citer ici moi-même ; ce que je vais dire est tiré mot à mot de mon mémoire cité ci-dessus, sur la contribution patriotique, et peut s'appliquer au mode que je propose, de faire payer ce qui reste dû par les débiteurs en leurs billets à ordre. « Et comme, tant que je le peux, mes principes et mes » actions marchent d'accord, je fus hier payer ma contribution pa- » triotique. J'offris en paiement trois traites, une à vue, et deux » à époques ; cela parut faire hésiter les subalternes ; mais M. » Ribard, commissaire de la municipalité, présent, s'étant recueilli » un instant, me dit en m'embrassant : ah ! mon ami, si tout le » monde faisoit comme vous, la France seroit sauvée ; c'est un » trait de lumière ; il n'est pas possible que l'idée n'en soit pas » venue à l'Assemblée nationale. -- Il en est encore tems, lui ré- » pondis-je ; je suis toujours flatté d'en avoir donné l'exemple. » -- Quel porte-feuille, me dit-il, et quelle ressource immense » pour les capitalistes craintifs, de pouvoir prendre le papier que » l'honneur et le patriotisme ont fait créer à d'honnêtes citoyens » !

supposer que la France pût périr, ou que le clergé pût rentrer dans ce qu'il appeloit improprement sa propriété ; mais sous aucuns rapports ; rien de tout cela n'est possible.

Je désire, mon cher ami, que cette idée vous paroisse aussi simple qu'elle me le paroît à moi-même. Dans les tems difficiles il faut user de toutes les ressources.

Dans ma seconde lettre je vous parlerai d'une monnoie que j'imagine, pour mettre entre les mains des particuliers des valeurs qui, comme les billets dont je viens de parler, seront représentatifs du numéraire, et vaudront même mieux que du numéraire.

Salut. Ce 15 Germinal, an troisième de la République française.

DEUXIÈME LETTRE.

Nouvelles vues pour diminuer la baisse de l'assignat; faire reparoître le numéraire, et augmenter les ressources de l'industrie et du commerce.

JE ne suis point du tout, mon cher ami, de l'avis de ceux qui croyent qu'il faut entièrement supprimer les assignats, si l'on veut voir reparoître le numéraire. Ce seroit une mesure violente qui pourroit plonger dans la misère un grand nombre de famille; et dans un gouvernement bien ordonné, dont la justice et l'humanité doivent être la base, il ne faut faire le bien général qu'en faisant le moindre mal particulier possible. On sait bien qu'il y a des vices, des abus dans tous les états, mais cela tient à l'imperfection de la nature humaine, et particulièrement à ce que le bon sens, la raison sont des qualités acquises et non innées. L'assignat n'a perdu de son crédit que parce qu'on l'a trop multiplié. Qu'on fixe, par des moyens doux et non violens, le *maximum* de la baisse, qu'on s'attache à retirer des assignats de la circulation, sans les remplacer, et on les verra bientôt reprendre faveur. L'assignat ne doit faire place à l'argent que lorsque ce dernier aura reparu, et le moyen de le faire reparoître, est de ne rien forcer et de laisser à un chacun la liberté de payer, de vendre, de traiter en argent ou en assignat, sans que cependant on puisse jamais refuser ce dernier Les moyens que j'ai indiqués dans ma précédente lettre et dans le mémoire qui la précédé, me paroissent propres à cet effet. Il met un actif considérable dans le trésor public; actif qui représente du numéraire, et valant autant qu'un signe métallique, puisque chaque billet est *privilégié*, *hypothéqué*, portant intérêt et assigné sur telles terres, tels domaines désignés; mais à ce moyen, on peut en joindre un autre qui donneroit à l'industrie, au commerce, aux affaires générales et particulières, une grande activité, et je vais encore m'expliquer par un exemple, pour me faire mieux comprendre et surtout pour abréger le discours.

Je possède à Boulogne une maison dont j'ai refusé 200 mille livres en assignats, parce que le mobilier et la bibliothèque non compris, je l'estime 100 mille livres en argent. Supposons que je doive sur cette maison dix mille livres, il ne m'en appartient donc que les neuf dixièmes; réduisons encore ces quatre-vingt-dix mille livres à 80. Je voudrois qu'il y eût à Paris un *bureau de privilège et d'hypothèque*, où ma maison, après avoir été prisée, seroit enregistrée, numérotée, je pusse avoir, dans mon porte-feuille, la valeur ou la représentation de ma maison, de manière que voulant en vendre ou en céder un quatre-vingtième, ou tout autre portion, ou le tout, je n'eusse besoin d'aucune autre opération ultérieure; ainsi j'aurois dans mes mains 80 billets de 1000 liv., que je conçois ainsi, ou auxquels on donnera telle autre forme que l'on voudra, pourvu qu'elle produise le même effet et établisse la même sûreté pour ceux entre les mains desquels passeroient ces effets.

Billet privilégié et hypothéqué sur une maison de campagne sise à Boulogne, rue des Menus, appartenant au citoyen Panckoucke, purgée de toutes dettes, et estimée au plus bas prix à 80 mille liv., desquelles le présent billet fait partie.

Fol. 1er.

No. 1er.

Le présent billet a payé les droits d'enregistrement.

Dans deux ans, je paierai à l'ordre de la somme de mille livres; plus cent livres, pour les intérêts, valeur reçue comptant en numéraire, ou en billets-monnoie ayant cours, dont le change est fixé à

A Paris 20 Germinal, an 3 de la République Française.

Signé C. PANCKOUCKE.

B. p. 1100 liv.

Or je dis que de pareils billets en porte-feuille donneroient un actif très-réel et dont on pourroit s'aider dans le besoin, soit dans un cas de nécessité, soit pour faire des entreprises nouvelles ; les agens de change feroient sur-le-champ trouver des fonds sur de pareilles valeurs. Elles dispensent de recourir à des emprunts souvent onéreux ; on peut les négocier, sans compromettre son crédit ; elles n'ont point l'inconvénient de ces demandes d'argent à des fonctionnaires publics, qui exigent des actes, des formalités, entraînent des lenteurs, quelquefois désespérantes, vous forcent à prendre dans l'instant une somme plus forte que celle de vos besoins ; à la prendre tout-à-la-fois, à perdre par conséquent des intérêts. Ceux qui ont l'habitude du commerce, de l'activité qu'il exige, des besoins dans lesquels il entraîne, sentiront, si je ne me trompe, les avantages d'une pareille opération. Il y a tel négociant qui eût sauvé sa fortune, celle de ses enfans, qui eut évité des escomptes onéreux, des prêts infâmes sur gage, s'il eût pu avoir en porte-feuille, une valeur ou billets à ordre, hypothéqués sur des biens fonds liquidés, terres ou maisons.

Quant à l'intérêt de ces billets, on s'en feroit compte en les négociant ; ainsi celui qui négocieroit, au bout de six mois, le billet ci-dessus devroit recevoir de celui auquel il le passeroit, 25 liv. pour les intérêts : tout cela est trop clair pour avoir besoin de plus de détails. Si à l'échéance on n'étoit point exact au payement des billets dont on auroit disposé, il est clair qu'alors on vendroit la maison, pour acquitter les billets, et le surplus se rendroit au propriétaire.

Ce qui importe le plus dans le moment difficile où nous sommes, c'est de multiplier tous les moyens qui peuvent favoriser l'industrie, les arts, le commerce, et faire reparoître le numéraire.

Je vais en indiquer un dernier moyen, c'est de rendre égal le sort du prêteur et de l'emprunteur. Il y a dans nos lois, à cet égard, une immoralité bien révoltante : celui qui prête à terme, ne peut jamais forcer l'emprunteur à le rembourser que le terme ne soit échu, et l'emprunteur peut toujours dévancer son payement. Cette loi n'entraîne pas de grands inconvéniens, quand tout se paye en argent, mais le désavantage du prêteur est extrême dans un tems de révoluti on, et lorsqu'un signe monnoie, devenu surabondant, perd ses quatre cinquièmes et plus de sa valeur primitive, il en résulte de-là que celui à qui j'ai prêté 500 mille livres en numéraire, peut s'acquitter avec 100 mille liv. et moins, s'il convertit cette dernière somme en assignats. Des familles ont été ainsi complettement ruinées. La loi, dira-t-on, me le permet; oui, mais l'honnête homme a dans son cœur, dans sa conscience, une loi supérieure aux lois que les hommes ont faites, et cette loi lui crie : *ne fais point à autrui, ce que tu ne voudrois pas que l'on te fît.* Je connois un ministre au fond du cœur cette loi est toujours gravée, dont la vie entière a été consacrée à la vertu et à des actes de bienfaisance; ce ministre a fait à ma connoissance, un remboursement de 100 mille écus en assignats, et il auroit cru être un mal-honnête homme, et il l'eût été en effet, s'il n'eût pas tenu compte de la différence de l'assignat sur le numéraire. Que cet exemple vous serve de leçon, hommes immoraux, qui dans le malheur public, croyez mettre votre honneur à l'abri, en invoquant la loi, lorque la vertu et la justice éternelle vous crient que vous commettez un crime, un vol, une escroquerie !

Nous ajouterons à ces réflexions un plan fort simple que nous devons au citoyen Peuchet, et qu'il a déjà rendu public dans quelques journaux; ce n'est pas une idée simplement spéculative, elle résulte des nombreuses observations que cet écrivain estimable a faites dans quelques départemens, et des discussions importantes qu'il a provoquées sur cet objet, entre les cultivateurs et les propriétaires les plus considérables par leur fortune et leurs connoissances.

Les dépenses énormes de la République, les remboursemens des offices, la vente des produits de la récolte, ont amoncelé le papier entre les mains des propriétaires et des cultivateurs. Tant que la vente des domaines nationaux a pu fournir un débouché à ce débordement de papier-assignat, son crédit s'est soutenu, et le prix des denrées maintenu à un taux tolérable. Mais du moment que les ventes sont devenues rares, que l'arpent de terre s'est élevé à 4 et 5 mille liv., l'énorme cherté des ustensiles de culture, des chevaux et de la bâtisse, a exigé des fonds immenses pour mettre en activité les acquisitions rurales; dès ce moment, le papier s'est amoncelé chez le cultivateur, le laboureur, le propriétaire-terrier; alors il a spéculé sur les marchandises, les objets de nécessité, le sucre, les draps, les toiles, les fers, les cotons, etc.

Le nombre des acheteurs croissant et celui des vendeurs restant le même ou diminuant, le prix de la vente est devenu excessif. Un sac qui coûtoit 5 liv. en 1791, coûte aujourd'hui 50 liv., un cheval de 600 liv., coûte 5,000 liv., un fer de cheval de 8 s.

coûte 4 liv. 10 s. Les travaux champêtres sont à la veille d'être paralisés par cette énorme cherté des instrumens qui lui sont propres.

Mais ouvrez un débouché à cette masse de papier ; activez la par un emploi productif, et dès ce moment même, elle cesse d'aller grossir les prix des marchandises, vous en retirez des monceaux de la circulation, et donnerez une grande valeur à ce qu'il en reste.

En conséquence, le citoyen Peuchet propose pour effectuer ce plan :

1°. D'ouvrir un emploi de fonds à la trésorerie nationale, où tous les particuliers sont autorisés à porter leurs fonds en papier ; 2°. il leur sera donné en échange des contrats, cédules ou rescriptions, le nom n'y fait rien, portant intérêt à deux ou et demi pour cent ; 3°. cet intérêt payable, tous les six mois, sera soldé en écus.

Quiconque conçoit bien le génie de spéculation, l'embarras actuel où sont les propriétaires d'assignats de les placer, les emplois continuels que l'on a faits en denrées, sentent que ce moyen est un de ceux qui peut servir à soutenir la cupidité, et faire retirer très-promptement une masse d'assignats de la circulation, qui ne fut-elle que d'un demi-milliard, suffiroit aux besoins publics et rappelleroit la confiance sur ce qui resteroit en circulation, en liant cette opération aux moyens que nous avons indiqués ci-dessus.

A Paris, 18 Germinal, C. PANKOUCKE.

CPSIA information can be obtained
at www.ICGtesting.com
Printed in the USA
BVHW071305311218
536776BV00015B/2772/P

9 780428 835491